Contraste insuffisant
NF Z 43-120-14

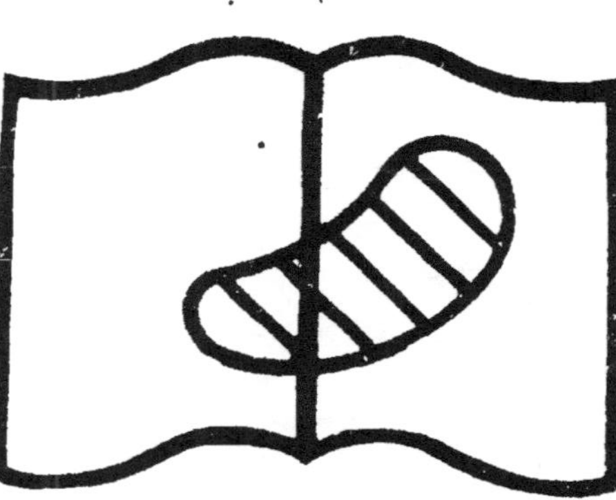

Illisibilité partielle

Valable pour tout ou partie
du document reproduit

LES ÉTUDES

DE

LÉGISLATION COMPARÉE

EN FRANCE

PAR

M. Léon AUCOC

MEMBRE DE L'INSTITUT

PRÉSIDENT DU COMITÉ DE LÉGISLATION ÉTRANGÈRE

PARIS

ALPHONSE PICARD, ÉDITEUR

LES ÉTUDES

DE

LÉGISLATION COMPARÉE

EN FRANCE

PAR

M. Léon AUCOC

MEMBRE DE L'INSTITUT

PRÉSIDENT DU COMITÉ DE LÉGISLATION ÉTRANGÈRE

PARIS

ALPHONSE PICARD, ÉDITEUR

82, RUE BONAPARTE, 82

1889

EXTRAIT DU COMPTE RENDU

De l'Académie des Sciences morales et politiques

(INSTITUT DE FRANCE)

Par M. Ch. VERGÉ

Sous la direction de M. le Secrétaire perpétuel de l'Académie.

LES
ÉTUDES DE LÉGISLATION COMPARÉE

EN FRANCE

———

Depuis un certain nombre d'années, les études de législation comparée ont pris en France un grand développement. Dans les ouvrages de doctrine, d'histoire du droit, dans les revues spéciales, dans les thèses de doctorat, dans les programmes des concours ouverts par les Facultés de droit et par l'Académie des sciences morales et politiques, on voit presque toujours apparaître l'examen, la discussion des lois étrangères.

Ces recherches ont tout l'attrait, toute l'utilité des études historiques. Elles aident, en outre, à bien apprécier le mérite ou les défauts des lois françaises ; elles éclairent l'enseignement et la doctrine. Elles peuvent éclairer le législateur ; aussi, dans les exposés des motifs et dans les rapports des commissions, les lois de différents pays sont assez souvent invoquées à l'appui des propositions de réformes.

Ces études ont un intérêt plus pratique encore. Beaucoup de Français ont leurs capitaux engagés dans des entreprises industrielles ou commerciales à l'étranger. D'autre part, il y a des cas où les étrangers peuvent revendiquer l'application des règles du droit privé de leur pays d'origine, même en dehors de ce pays, et les tribunaux français peuvent être appelés alors à appliquer les législations étrangères. Les travaux sur le droit international privé, qui tendent à se multiplier, amènent nécessairement le rapprochement d'un grand nombre de législations.

Il nous paraît intéressant de faire ressortir les causes qui ont produit ce mouvement, dont l'utilité frappe tous les yeux, de constater les éléments qui fournissent une base solide à ces études et de signaler les conditions dans lesquelles elles doivent être conduites pour être vraiment profitables et ne pas risquer d'entraîner des erreurs au lieu d'apporter des lumières.

C'est assurément un mouvement instinctif, applicable et appliqué à toutes les connaissances humaines, de regarder autour de soi pour compléter son instruction. Seulement, l'étude des usages, des procédés, des règles de toute nature adoptés par ceux qui nous entourent est plus ou moins développée, suivant que les moyens d'étendre nos relations et par suite nos connaissances sont plus ou moins faciles.

La merveilleuse transformation des voies de communication qui caractérise le XIXe siècle devait entraîner le développement des études de législation comparée, comme elle a entraîné celui des relations juridiques et commerciales entre les peuples. Elle en a fait sentir le besoin et elle a contribué largement à offrir les moyens de le satisfaire.

Sans doute, Montesquieu a pu réunir, par ses voyages dans quelques pays de l'Europe et par la lecture assidue des récits d'autres voyageurs et de ceux des historiens, les éléments de son *Esprit des lois*. Mais il a donné un modèle difficile à imiter à tous les points de vue. Pour que les études sur la législation des pays étrangers ne soient pas réservées à un petit nombre d'esprits d'élite, placés dans des conditions exceptionnelles, et pour qu'elles puissent être accomplies avec quelque sûreté, il faut que les textes mêmes des lois soient mis à la disposition de ceux qui veulent les apprécier ; il faut qu'une traduction en permette l'examen aux juristes et aux publicistes, trop nombreux encore, qui ne connaissent pas les principales langues étrangères.

Ces conditions essentielles, qui exigent des ressources considérables en hommes et en argent, des institutions permanentes, un courant continu de relations avec les pays étrangers, ne sont réalisées que depuis peu de temps. Elles le sont grâce à la Société de législation comparée et au Comité de législation étrangère institué au ministère de la justice : l'une, association libre, organisée par l'initiative privée et qui est la première en date ; l'autre, institution officielle, qui est venue apporter un concours puissant à la même œuvre. L'une fonctionne depuis plus de vingt ans ; l'autre a douze ans d'existence. Les résultats de leurs travaux sont déjà assez considérables pour qu'on puisse en faire une histoire sommaire et qu'on puisse, en montrant les services qu'ils ont rendus à la science, faire apprécier ceux qu'elle peut espérer encore.

I

Il serait injuste toutefois de ne pas rappeler d'abord les travaux faits dans la même direction d'idées, avant la création des deux institutions nouvelles, par des jurisconsultes dignes d'estime et qui ont eu le mérite d'ouvrir la voie. La collection des codes étrangers entreprise en 1833 par M. Victor Foucher, devenu plus tard conseiller à la Cour de cassation, et qui contient dix volumes, les ouvrages de M. Anthoine de Saint-Joseph, qui rapprochent du code civil et du code de commerce français les législations d'un assez grand nombre d'autres pays sur les mêmes matières, ne doivent pas être oubliés. Il faut encore mentionner les nombreuses études de législation étrangère que la *Revue étrangère et française de droit* et la *Revue de droit français et étranger* ont publiées de 1834 à 1850, avec la collaboration de MM. Fœlix et Bergson.

Ces travaux avaient appelé l'attention des juristes sur la nécessité d'étendre l'horizon de leurs études. Mais ils avaient montré les difficultés matérielles de toute sorte qui entravaient et devaient arrêter au bout de peu de temps, dans l'accomplissement d'une tâche aussi variée, aussi vaste, l'action de travailleurs isolés.

En 1869, une société de législation étrangère fut fondée à Paris. Dès le début, elle comptait plus de 250 membres appartenant au barreau, à la magistrature, aux Facultés de droit, à l'administration, au Conseil d'État, aux Chambres. Des hommes de tous les partis s'y rencontraient. Les fondateurs, qui ont le droit d'être fiers aujourd'hui de leur initiative, avaient eu la sagesse d'écrire dans les statuts que la société ne voterait sur aucune question. On indiquait nettement par là le caractère qu'elle devait conserver, celui d'un organe de recherches et d'études impartiales et vraiment scientifiques. Elle a eu soin de l'affirmer par le choix de ses présidents, pris successivement dans les différents éléments de son personnel. M. Laboulaye, que désignait particulièrement son titre de professeur de législation comparée au Collège de France, a été le président de la fondation. Après lui, la société a mis à sa tête MM. Renouard, Dufaure, Larombière, Paul Gide, Duverger, Barboux, Dareste. Nous avons eu l'honneur de succéder à M. Dufaure. Le président actuel est M. Ribot, qui avait rempli, au début, avec le plus grand zèle, les difficiles fonctions de secrétaire général. Ce caractère a contribué beaucoup à favoriser le développement de la société, à étendre et à rendre plus solides ses relations lointaines. Elle compte aujourd'hui plus de 1.300 membres, parmi lesquels figurent environ 350 étrangers.

La tâche qu'elle se proposait d'entreprendre n'a pas été organisée sans quelques tâtonnements. On n'avait d'abord pour but que de faire connaître et de faire discuter dans des réunions périodiques les réformes législatives qui viendraient à se produire dans les pays étrangers et en même temps de signaler les législations de ces pays sur les questions qui faisaient l'objet de propositions de lois soumises aux Chambres françaises. C'était déjà une tâche aussi intéressante qu'utile, qui pouvait fournir les éléments de réformes pratiques et pour laquelle les ressources d'une société bien organisée permettaient de recueillir rapidement et sûrement les matériaux nécessaires. On y a persisté avec raison. Ainsi, suivant les circonstances, et pour ne parler que des travaux collectifs auxquels beaucoup de membres ont apporté leur contingent, on a réuni des groupes considérables de notices sur les règlements des parlements de l'Europe et de l'Amérique, et sur les législations relatives au divorce, aux sociétés commerciales, à l'organisation municipale, aux faillites. Il n'est pas une question nouvelle, de quelque importance, soulevée dans les parlements étrangers, qui n'ait donné lieu à une étude et souvent à une discussion. La collection des *Bulletins* de la société, où ces travaux sont recueillis, est déjà très riche en documents d'un grand intérêt.

Mais le succès de la société, l'accroissement continu du nombre de ses membres et de ses ressources financières ont accru son ambition et lui ont fait entreprendre, en 1871, une œuvre plus utile encore et qui lui a valu une notoriété européenne. Nous voulons parler des *Annuaires de législation étrangère.*

Chaque année, depuis cette époque, elle publie un gros volume qui contient, pour tous les pays de l'Europe, pour beaucoup de pays de l'Amérique et pour les pays civilisés des autres parties du monde (le nombre s'en est successivement accru), le tableau du mouvement législatif, l'analyse des projets présentés, le texte de ceux qui sont votés, du moins des plus importants, avec des notes empruntées aux exposés des motifs et aux débats des Chambres. Cette précieuse collection de textes forme aujourd'hui 15 volumes. Depuis 1882, elle est complétée par un annuaire de législation française.

Comment la société est-elle parvenue à organiser ce travail si compliqué, à réunir des renseignements qui viennent de toutes les parties du monde, à faire traduire des actes écrits dans des langues si diverses, à publier régulièrement un recueil annuel qui exige tant de collaborateurs ? Il est bon de l'indiquer, parce que l'on y trouve la justification de la confiance qu'ont obtenue ces publications.

On avait songé primitivement à grouper les membres qui voudraient prendre une part active aux travaux de la société en différentes sections correspondant aux différentes branches du droit. Cette combinaison, particulièrement utile pour des études doctrinales, n'était pas appropriée à pes travaux où les recherches et les traductions de documents ont une part prépondérante. Il a paru plus pratique, et l'expérience a justifié cette résolution, de grouper les membres en sections correspondant aux différents pays. Dans l'état actuel, on a institué les sections suivantes : langue anglaise, — langues du Nord, — langues du Midi et de l'Orient, — langue française. C'est dans ces sections, sous la direction et le contrôle d'un président expérimenté, que les documents envoyés par les correspondants étrangers, la plupart sans traduction, travaux parlementaires, textes des projets et des lois votées, articles de journaux et de revues, sont étudiés, analysés, traduits et groupés pour l'*Annuaire*, puis remis au secrétaire général, qui centralise les travaux des sections, sous l'autorité du conseil de direction.

Une œuvre aussi considérable exige une préparation qui ne peut guère durer moins d'une année. Aussi la société a pris soin, depuis quelque temps, pour ne pas faire trop attendre à ses membres des notions précises sur la marche des travaux législatifs dans les différents pays de l'Europe, d'en présenter des comptes rendus sommaires qui sont publiés dans les bulletins mensuels.

Quel est l'intérêt des *Annuaires* de la Société de législation comparée et des *Bulletins* qui les complètent, quelle abondante source d'instruction ils fournissent aux législateurs, aux jurisconsultes, aux publicistes, à tous ceux qui s'intéressent au progrès du droit et de la justice dans l'humanité, il n'est pas besoin de le dire. Voir comment les principes de toutes les branches du droit sont compris et appliqués par les différents peuples, quelles sont les réformes qui les préoccupent, quelles sont celles qui ont un caractère local et celles qui pourraient être étendues à d'autres pays, rechercher si, sur les points de législation qui sont remaniés par les étrangers, nous sommes en avance ou en retard, constater que, à côté de certains peuples qui font de rapides progrès dans la codification des lois et de nombreuses réformes, il y en a d'autres qui sont empêchés par une agitation stérile de mener à terme les améliorations les plus simples et les plus désirables, suivre dans la pratique les modifications du mécanisme législatif qui ont paru de nature à favoriser l'accomplissement des œuvres de longue haleine en déchargeant les Chambres, dans une mesure plus ou moins large, des discussions de détail, ainsi que cela s'est produit en Italie, en Espagne et en Angleterre, rien n'est plus digne d'attention, rien n'est plus instructif.

Il y a quelques mois, le président actuel de la société, M. Ribot, annonçait, dans son discours de rentrée, que le conseil de direction venait de décider la publication d'une table générale des matières des quinze premiers volumes de l'*Annuaire*. Il faisait ressortir l'importance et la variété des problèmes abordés, sinon résolus, par les législateurs des différents pays et traçait les grandes lignes de la préface qu'on pourrait mettre en tête de la table générale, pour dégager les idées maîtresses, les tendances communes qui ont présidé à l'évolution législative de ces dernières années.

Nous voudrions pouvoir reproduire ces pages brillantes qui mettent bien en lumière et le mérite de l'orateur et l'intérêt des travaux de la Société de législation comparée. Mais il suffira de les résumer brièvement : les faits parlent assez haut.

Le régime parlementaire subit chez beaucoup de peuples une véritable crise; les pays libres sont occupés presque tous à remanier leurs lois électorales et à chercher les moyens de concilier le suffrage universel avec les conditions nécessaires de tout gouvernement, une certaine stabilité dans le pouvoir, un certain esprit de suite dans les desseins politiques.

Beaucoup d'innovations, beaucoup de progrès (toute innovation n'est pas un progrès) ont été réalisés autour de nous dansle droit civil et dans le droit commercial. L'amérique et l'Angletérre ont consacré l'indépendance de la femme à l'égard de son mari au point de vue des droits civils. Des combinaisons nouvelles ont été adoptées dans d'autres pays pour assurer d'une manière plus efficace la transmission de la propriété immobilière et nous les avons imitées dans une certaine mesure, en Tunisie. De grands efforts ont été faits dans plusieurs pays de l'Europe pour unifier les principes du droit commercial, notamment dans les matières des lettres de change et du droit maritime; les lois sur les sociétés commerciales et sur les faillites ont subi des remaniements incessants ; l'extension considérable des chemins de fer a fait naître des questions nouvelles.

D'autre part, le droit criminel de plusieurs pays a été profondément remanié.

Un mouvement général s'est produit pour le développement de l'instruction populaire. Le principe de l'obligation a été consacré partout, mais avec des nuances dignes d'être observées, qui tiennent au caractère des différents peuples et aux conditions de leur état religieux. La transformation du service militaire s'est accomplie à la fois dans toute l'Eu-

rope. Des luttes entre l'Église et l'État, spéciales à quelques
pays, donnent des enseignements dont les autres peuvent
profiter.

Enfin les questions relatives au travail, à la condition des
ouvriers, à leurs relations avec les patrons, aux sociétés de
prévoyance et de secours ont pris partout une importance
énorme. Il y a là, comme le faisait remarquer M. Ribot,
des questions vitales qu'il faut résoudre sans tarder, mais
en prenant des modèles dans les pays où de fortes traditions
de liberté, de solidarité par l'association volontaire ont em-
pêché les luttes de classes d'arriver aux violences, plutôt
que dans ceux où l'État impose aux patrons comme aux
ouvriers des sacrifices obligatoires dont le produit est
réparti sous son autorité.

Telle est la variété, telle est l'importance des documents
que la Société de législation comparée a mis à la disposition des travailleurs depuis sa fondation. En se réjouissant
du succès de son œuvre, elle ne s'est jamais dissimulé que
de nouveaux progrès pouvaient être utiles, et elle ne les
perd jamais de vue. Mais les résultats acquis sont déjà considérables et sont dignes de l'attention et de la reconnais-
sance des jurisconsultes et des publicistes.

Il faut ajouter que cette société a eu encore le mérite de
provoquer d'autres travaux de la même nature où sont
réunis des documents spéciaux, par exemple la *Revue de
la Société pour l'Étude des questions d'enseignement supé-
rieur, le Bulletin de la Société générale des prisons* et les
notices de législation étrangère, insérées dans les *Bulletins*
du ministère des finances, du ministère des travaux publics,
et du ministère de l'agriculture.

II

Toutefois, si intéressants, si instructifs que soient les *Annuaires* et les *Bulletins* de la Société, ils sont loin de faire connaître dans son ensemble la législation des pays étrangers. Allant avec raison au plus pressé et mesurant sagement à ses forces la tâche qu'elle s'est assignée, la société n'a entrepris de donner les textes des lois qu'à partir de l'année 1870. Et même quand elle a rencontré, parmi les lois promulguées dans divers pays, des codes embrassant l'ensemble des règles d'une branche du droit, elle a reconnu l'impossibilité de faire figurer ces documents considérables dans un volume annuel sans sacrifier une partie du tableau général du mouvement législatif dans le monde civilisé.

Il fallait, pour compléter son œuvre, et fournir aux travailleurs des moyens d'action plus étendus, créer une vaste bibliothèque de droit étranger, renfermant la collection complète des lois des différents pays du monde dans leur texte original, les travaux parlementaires qui les expliquent, les recueils de jurisprudence qui en font voir l'application, les ouvrages d'histoire du droit et les commentaires des juristes les plus autorisés de chaque pays.

Il fallait en outre entreprendre une collection de traductions des codes étrangers, anciens ou nouveaux.

Les ressources d'une société particulière ne suffisaient pas à cette tâche. La création du comité de législation étrangère au ministère de la justice, avec une dotation annuelle sur les fonds du budget de l'État, y a pourvu.

C'est M. Dufaure, dont nous aimons à rappeler le nom, un des premiers membres de la société, un de ses présidents, qui l'a fondé par un arrêté ministériel du 27 mars 1876. Il a pris soin, dès le début, d'organiser des relations officielles entre le comité et le ministère de la justice des différents pays de l'Europe, pour assurer un échange régulier des publications législatives. La nouvelle institution a été approuvée par les Chambres et dotée du crédit annuel proposé par le gouvernement.

Le comité, dans lequel siègent plusieurs membres de l'Institut, s'est appliqué tout d'abord à former sa bibliothèque. En 1879, il avait déjà recueilli, grâce à la libéralité de plusieurs gouvernements étrangers et à des acquisitions faites sur les conseils de ses correspondants, 1.500 ouvrages formant 5.000 volumes. Il en avait alors publié le catalogue qui a été très recherché dans toute l'Europe. Depuis cette époque, il n'a cessé d accroître ses collections. Il va en faire ressortir et en augmenter la valeur par la publication très prochaine d'une nouvelle édition du catalogue où figurent plus de 4,000 ouvrages formant environ 18,000 volumes. La première partie de ce catalogue est consacrée à des généralités, à la philosophie du droit et au droit ancien, puis vient le droit international, ensuite la législation comparée ; la dernière partie, la plus étendue, comprend les textes et les ouvrages spéciaux sur la législation des pays étrangers. On en compte plus de 200. Tous les États de l'Europe et de l'Amérique y sont largement représentés. Les États civilisés et les colonies de l'Asie, de l'Afrique et de l'Océanie y ont leur place.

Nous n'avons pas besoin d'insister sur l'importance d'une pareille collection : on sait qu'elle est ouverte au public, qui a déjà largement profité des richesses mises à sa disposition. Plusieurs gouvernements de l'Europe ont été frappés des avantages qu'elle présente et ont cherché à créer une institution semblable.

En même temps, le comité a décidé, avec l'approbation du ministre de la justice, la publication des traductions d'un certain nombre de codes étrangers qui lui ont paru avoir un intérêt particulier soit au point de vue scientifique, soit au point de vue pratique. Il a pensé que, pour avoir une utilité durable, ces traductions devaient être mûrement étudiées, accompagnées d'introductions et de notes faisant ressortir les principaux traits de la législation antérieure, les travaux préparatoires des nouveaux codes, le caractère et les motifs des modifications apportées aux anciennes lois.

Aussi, bien que la Société de législation comparée lui ait fourni d'excellents collaborateurs, il a marché plus lentement dans l'accomplissement de cette partie de sa tâche. Néanmoins, les publications qu'il a dirigées offrent déjà des types intéressants de législation sur diverses branches du droit. Le code de commerce allemand, avec la loi sur le change, et plusieurs des nouveaux codes promulgués depuis la fondation de l'empire d'Allemagne, le code de procédure pénale, le code d'organisation judiciaire et le code de procédure civile, deux volumes d'un recueil des chartes et constitutions des États-Unis de l'Amérique du Nord, qui sera continué, le code pénal des Pays-Bas et le code pénal hongrois figurent dans la collection. Il faut y joindre le code d'instruction criminelle autrichien, publié avec le concours du ministère de la justice avant la création du comité. La loi anglaise sur les faillites sera publiée avant la fin de l'année. Les traductions de plusieurs codes d'Autriche, de Russie, d'Italie, d'Espagne, de Portugal, et de divers États de l'Amérique sont sous presse ou en préparation.

Voilà les matériaux accumulés et mis à la portée de tous ceux que le zèle pour la science désintéressée, les études préparatoires des réformes législatives ou les besoins de la pratique des affaires peuvent faire entrer dans cette voie nouvelle.

III

Signalons en terminant les conditions dans lesquelles les études de législation comparée doivent être conduites pour être vraiment utiles.

Il n'est pas superflu d'insister tout d'abord sur les précautions à prendre pour arriver à l'exactitude matérielle des traductions. On a relevé récemment quelques erreurs graves qui s'étaient glissées dans la traduction française de la constitution fédérale des États-Unis d'Amérique et qui se sont reproduites constamment depuis la publication du célèbre ouvrage de M. de Tocqueville. Les erreurs de ce genre peuvent provenir d'un défaut d'attention. Mais elles peuvent tenir plus souvent aux difficultés mêmes du travail. Pour être en mesure de transporter dans notre langue les dispositions des lois étrangères, il faut connaître à fond les dispositions et le langage du droit français et se bien pénétrer du sens de l'ensemble et des détails de la loi étrangère. Ce n'est qu'après une étude approfondie qu'on trouve les termes juridiques qui expriment exactement des idées souvent différentes des nôtres.

Mais on doit prendre bien plus de précautions encore pour s'assurer de la véritable portée des institutions qu'on veut comparer avec les institutions françaises avant de décider si elles sont meilleures et si elles méritent d'être imitées. Il faut rechercher les motifs qui ont inspiré le législateur étranger, les besoins auxquels il a voulu pourvoir, et les difficultés qui naissaient de la législation antérieure, par suite de l'état social, de l'état économique et des mœurs du pays.

Avant de s'éprendre des avantages d'une mesure de détail, il faut étudier soigneusement si elle ne fait pas partie d'un ensemble d'institutions essentiellement différentes des nôtres ; car il est rare qu'une pièce détachée d'une machine puisse être adaptée à une machine d'un système tout opposé.

Et ce n'est pas tout. Il ne suffit pas de constater qu'une loi, inspirée par des motifs qui paraissent justes et qui paraissent applicables dans d'autres pays, a été votée par un législateur étranger. Il faut étudier aussi comment elle a été pratiquée, quels ont été ses effets. On a souvent blâmé les Français d'avoir trop de confiance dans leurs lumières ; il serait aussi imprudent de passer à une défiance absolue et de ne voir que les bons côtés des institutions étrangères. Les législateurs de tous les pays peuvent se tromper et leurs résolutions sont bien souvent corrigées par des résolutions nouvelles. Parfois même la pratique les modifie d'une manière sensible.

Dans les remarquables études qu'ils ont consacrées récemment à la constitution fédérale des États-Unis de l'Amérique, notre confrère M. Boutmy et M. le duc de Noailles ont montré par quelle série de déviations le rôle du Président, du Sénat et de la Chambre des représentants est arrivé à différer de celui que le texte de la constitution leur assigne.

Nous avons signalé tout à l'heure les remaniements incessants auxquels les lois sur les sociétés commerciales ont été soumises dans les pays voisins comme en France depuis trente ans, et qui prouvent que, jusqu'ici, les résultats n'ont répondu nulle part à l'attente des législateurs.

En ce moment les Chambres françaises discutent un projet de loi d'une grande importance et qui soulève des questions très délicates sur la responsabilité des accidents auxquels sont exposés les ouvriers dans leur travail. La législation de l'empire d'Allemagne, celle de l'Autriche, celle de la Suisse, différentes d'ailleurs les unes des autres, ont été invoquées dans les rapports et dans les débats parlementaires. Mais à côté des principes posés par ces diverses législations, il faut placer les effets qu'elles ont produits. Bien que les lois de l'empire d'Allemagne soient très récentes, l'expérience a déjà démontré que les calculs présentés aux Chambres à l'appui du projet de loi en vue de faire apprécier les charges probables qui résulteraient pour les patrons, et subsidiairement pour l'État, du système des assurances obligatoires étaient complètement erronés et que les charges seront beaucoup plus considérables. De plus, les frais d'administration sont énormes et dépassent le montant des indemnités. Il y a là matière à réflexion.

On peut se borner à ces exemples. Ils montrent assez que les études de législation comparée sont un précieux instrument de travail, mais que cet instrument, comme tous les autres, et surtout les meilleurs, demande à être manié avec prudence et avec sagacité.

ORLÉANS. — IMP. PAUL GIRARDOT.